AF246838

DÉPENSES

POUR

LA CRÉATION ET L'ENTRETIEN DE DEUX STATIONS FRANÇAISES

DANS L'AFRIQUE ÉQUATORIALE

PARIS

IMPRIMERIE DE LA SOCIÉTÉ ANONYME DE PUBLICATIONS PÉRIODIQUES

13, QUAI VOLTAIRE, 13

—

1879

DÉPENSES

POUR

LA CRÉATION ET L'ENTRETIEN DE DEUX STATIONS FRANÇAISES

DANS L'AFRIQUE ÉQUATORIALE

DÉPENSES

POUR

LA CRÉATION ET L'ENTRETIEN DE DEUX STATIONS FRANÇAISES

DANS L'AFRIQUE ÉQUATORIALE

OBSERVATIONS GÉNÉRALES

En raison de la distance de la côte des points où seront fondées ces deux premières stations françaises et des difficultés que peut présenter, à un moment donné, le parcours des 910 kilomètres du chemin de Bagamoyo à Manyara, par Kazé ; des 694 kilomètres du trajet de l'embouchure de l'Ogôwé à Doumé, ou des 747 kilomètres du trajet de l'embouchure du l'Ogôwé à N'ghêmé, il est prudent de ne pas séparer les budgets des dépenses de la première année de ceux des dépenses de la deuxième année. Les stations ne seront, d'ailleurs, complétées que dans la seconde année de leur existence.

On choisira les chefs de stations soit parmi les officiers des armées de mer ou de terre, soit parmi les explorateurs. Ils toucheront une indemnité.

Les chiffres relatifs aux dépenses sur le continent d'Afrique reposent sur les données les plus sérieuses : MM. Rabaud, Stanley et Grandidier ont éclairé le comité pour l'établissement du budget de la station de Manyara ; MM. le docteur Ballay et Marche, pour l'établissement de la station sur l'Ogôwé. M. Rabaud est le chef d'une grande maison française à Zanzibar, dont l'expérience fait autorité ; il serait superflu de rappeler ici les voyages de découverte de MM. Stanley, Grandidier, le docteur Ballay et Marche.

Le total des dépenses prévues pour l'établissement des deux stations s'élève, la première année, à 145,000 francs ; l'année suivante, il est de 115,000 francs.

La station de Manyara, dans la partie Est de l'Afrique équatoriale (voir les tableaux I et II), coûtera :

70,000 fr. la première année ⎫
65,000 fr. la deuxième année ⎬ en deux ans. . 135,000 fr.

La station du haut Ogôwé, dans la partie Ouest de l'Afrique équatoriale, établie à N'ghêmé ou à Doumé (voir les tableaux III, IV et V), coûtera :

75,000 fr. la première année ⎫
50,000 fr. la deuxième année ⎬ en deux ans. . 125,000 fr.

Dans les années suivantes, la dépense tendra à diminuer par des raisons qu'il est facile d'entrevoir : cultures entreprises ; plantation de bananiers et d'autres arbres à fruits ; élevage d'animaux domestiques.

PARTIE EST DE L'AFRIQUE ÉQUATORIALE

Station de Manyara

La station de Manyara serait placée sur le chemin de Tabora au lac Tanganyka, au sud-ouest et à 130 kilomètres de Tabora, dans l'Ounyanyembé, et à 200 kilomètres du lac Tanganyka. La distance de Bayamoyo (port sur l'Océan indien) à Manyara, par Tabora, est de 910 kilomètres. Manyara jouirait d'un assez bon climat.

Le choix de cette station a été indiqué par M. Stanley ; il est approuvé par M. Grandidier et M. Rabaud.

TABLEAU I

Prévision des dépenses d'installation et d'entretien de la station de Manyara

PREMIÈRE ANNÉE

1. Indemnité allouée au chef de station 10.000
2. Solde des employés indigènes de la station pendant six mois 5.200
3. Équipement du chef de station 5.000
4. Pharmacie et instruments de chirurgie. 2.000
5. Instruments scientifiques, instruments aratoires, graines pour semailles, caisses d'emballage. 2.000
6. Frais de voyage de Paris à Zanzibar pour le chef de station 1.500
7. Transport du matériel de France à Zanzibar. . . . 1.000

8. Achat de marchandises à Zanzibar, ou en Europe.   20.000

9. Transport de l'expédition de Zanzibar à Manyara. .   16.000

Loyer d'un terrain et construction d'une habitation à Manyara, *mémoire*.....................

Pour dépenses imprévues 7.500
____
70.000

NOTES EXPLICATIVES

1. Le chef de station aura une indemnité normale de 6,000 francs par an en sus des appointements de son grade. Ce traitement est augmenté dans des proportions notables la première année, afin de permettre à l'officier qui recherchera cette position de supporter les dépenses inhé-, rentes à un changement aussi complet d'existence, et aux études préparatoires.

2. Par employés indigènes, on entend les gardiens et serviteurs indispensables, que le comité estime devoir être au nombre de trois hommes de confiance, plus un groupe de travailleurs par chaque station *dans la partie Est* de l'Afrique équatoriale, où les indigènes sont habitués au passage des étrangers. Leur degré de civilisation dispensera le chef de station de l'obligation d'avoir toujours un noyau de combattants à sa disposition pour imposer le respect. Il sera nécessaire de dépenser 600 francs pour équiper et armer les trois hommes de confiance ; cette somme est à prendre sur le chapitre des dépenses imprévues.

3. On comprend sous ce titre les vêtements au chef, le mobilier et les ustensiles pour l'établissement de la station, les armes et les munitions.

4. Une pharmacie est d'absolue nécessité. Les drogues, en particulier le sulfate de quinine, le nitrate d'agent, etc., coûtent fort cher.

Le chef de station gagnera beaucoup de sympathies chez les habitants en exerçant la médecine dans les cas simples et faciles.

5. Boussoles, sextant, montre à secondes ou compteur, thermomètres, baromètres; charrue, bêches, râteaux, pioches, pour commencer quelques cultures utiles, qui pourront servir de modèles aux habitants.

6. Le chef de station voyagera en première classe, par Marseille, Port-Saïd et Suez. Les prix pour une place sont : de Paris à Marseille, 100 francs; de Marseille à Aden, par les Messageries françaises, 666 fr., avec la réduction ordinaire, (450 francs en troisième classe); de Aden à Zanzibar, par paquebot anglais, environ 500 francs (300 francs en troisième classe).

7. Les prix des transports des bagages par voie rapide sont, pour 100 kilogrammes : de Paris à Marseille (après une franchise de 30 kilogrammes) de 38 francs par voyageur; de Marseille à Aden, par les Messageries françaises, 50 francs pour l'excédant des 150 kilogrammes de franchise par passager. On applique aux colis d'instruments, livres et objets autres que des denrées, expédiés en messagerie, un tarif de 200 francs par 1,000 kilogrammes. Les denrées communes (savon, bougies, vin, sucre, etc.) sont soumises à un tarif de 150 francs par 1,000 kilogrammes. De Aden à Zanzibar il faut compter 37 fr. 50 pour 100 kilogrammes de bagages.

8. Dans toute la partie Est de l'Afrique équatoriale, la principale marchandise demandée est une cotonnade qu'on vend à Zanzibar 0 fr. 8206 le mètre (0 fr. 75 le yard anglais). Cette étoffe tient lieu de monnaie dans l'intérieur; on donne en mesure d'étoffe le prix de toutes les marchandises. Il faut emporter 18,280 mètres (soit 20,000 yards) de cette marchandise pour faire face aux frais d'entretien de la station pendant une année. Les tissus servant de monnaie sont pliés et emballés en *frâsla* ou paquets du poids de 15 kilogrammes qui font chacun la moitié de la charge d'un porteur. Des perles de verre et des cuivres compléteront le chargement de la caravane. — Il est à remarquer que ce chargement comprend non seulement les marchandises représentant

les 20,000 francs du chapitre 7, mais encore les marchandises représantant les 5,000 francs du chapitre 2.

Avec ces marchandises on fera face : 1° en route, à la dépense de nourriture des porteurs, et aux cadeaux obligatoires aux chefs des pays traversés par la caravane; 2° une fois arrivé à Manyara, aux frais du loyer d'un terrain, et de la construction d'une habitation ; du tribut (*hongo*) au chef du pays, et de la nourriture du chef de station et des indigènes employés pendant six mois.

9. On ne se sert pas de bêtes de bât dans l'Afrique équatoriale, et, pour le transport des bagages et des marchandises de toute nature, on engage des *pagazi*, ou porteurs, de condition libre, qui s'enrôlent par escouades commandées par des chefs-porteurs. Chaque pagazi touche un salaire proportionné non à la distance du terme du voyage, mais bien à la durée effective de ce voyage. Ce salaire est payé *en marchandises* et représente une somme maxima de 40 francs par homme et par mois. Le poids des marchandises à envoyer étant supposé de 3,900 kilogrammes, il faudra engager 130 porteurs.

TABLEAU II

Prévisions des dépenses d'entretien de la station de Manyara.

DEUXIÈME ANNÉE

1. Indemnité du chef de station, année normale . . .	6.000
2. Traitement des deux auxiliaires européens.	5.000
Solde et nourriture des employés indigènes de la station	10.000
Équipement des deux auxiliaires européens	8.000
3. Frais de leur voyage de France à Zanzibar, y compris le transport de leurs effets	3.000

4. Achat de marchandises à Zanzibar 15.000
Transport de ces marchandises à Manyara avec les
deux Européens 16.000
Loyer du terrain ou de l'habitation. . . . . mémoire
Frais imprévus; médicaments, instruments et muni-
tions, etc., etc., à remplacer 2.000
                                                      ————
                                                      65.000

NOTES EXPLICATIVES

1. Voir la note 1ʳᵉ des prévisions de la première année.

2. Au bout d'une année d'existence de la station de Manyara, il sera nécessaire de renforcer son personnel blanc. Le comité français estime que deux auxiliaires blancs, bien choisis, devront être envoyés au chef de la station, sous les ordres duquel ils seront placés. — On trouvera certainement des volontaires parmi les fonctionnaires du corps des mines, les pharmaciens de la marine, les conducteurs du génie, etc., classes de fonctionnaires qui renferment tant d'hommes très capables de rendre de grands services au chef d'une station dans une région presque ignorée et éloignée de tout secours, et dont les connaissances et les aptitudes leur permettent de travailler utilement à l'étude du climat, de la production naturelle, des habitants et des ressources futures de la contrée.

3. Les deux auxiliaires français pourront voyager en seconde classe sur les lignes de paquebots.

4. Le Comité estime que, grâce à la plus-value des marchandises transportées à Manyara la première année, et en tenant compte de l'expérience acquise dans les transactions avec les indigènes, quinze mille francs de marchandises pourraient suffire à l'entretien de la

station la deuxième année. Ce chiffre se décompose ainsi : 9,000 francs pour la nourriture des porteurs du convoi de ravitaillement et les cadeaux obligatoires aux chefs, sur la route ; 3,000 pour le loyer du terrain et le *hongo* au chef de Manyara ; 3,000 francs pour la nourriture des trois Européens.

PARTIE OUEST DE L'AFRIQUE ÉQUATORIALE

Note sur la durée du voyage et sur la saison préférable pour l'entreprendre

(d'après M. Marche).

Au Sénégal, les mois de janvier, février et mars sont la meilleure saison. Chaleur très supportable, pas de pluies.

Au Gabon, le mois de février est le plus mauvais pour les Européens, et la meilleure saison commence le 1ᵉʳ mai.

Il faudrait partir de manière à profiter des mois de janvier, février ou mars pour choisir des hommes au Sénégal et sur la côte de Guinée, et à arriver au mois de mai, ou au commencement de juin, sur l'Ogôwé.

De Toulon au Sénégal, les transports mettent quinze ou vingt jours. Ils ne s'arrêtent pas assez au Sénégal pour les besoins du chef de station.

Du Sénégal au Gabon, les transports mettent quarante jours.

TABLEAU DES PEUPLADES DU HAUT OGOWÉ

Région de Doumé.

(Des rapides de Bougui à la chute de Doumé. — Le pays ne jouit pas d'une assiette politique suffisante à cause de l'envahissement des Awandji.)

Adouma, peuple craintif et paresseux, auquel appartient cette région ;
  il est refoulé sur les îles plus en aval par les
Awandji, peuple belliqueux mais producteur, qui est arrivé sur la
  rive gauche du fleuve à une marche de Doumé.

Chaké (Saké ou Asaké), peuplade campée sur les deux rives près de
Doumé. Ce sont des chasseurs qui se conduisent en voleurs et
en brigands vis-vis des autres nègres.

Obamba, peuple considérable, qui figure dans les anciennes cartes
comme habitant la rive sud du Livingstone. Les Obamba sont
bons ; ils pratiquent l'agriculture et ont des dispositions à la
vie pastorale.

Région de N'ghêmé.

(De la rivière Chibé à l'île Ebêdi. — On peut rayonner autour de N'ghêmé, et par conséquent
répandre l'influence au loin.)

Obamba, peuple qui est le maître de cette région.

Awandji, peuple venu du sud; il est ami des Obamba avec lesquels il
s'est confondu.

Chaké. Cette peuplade, dispersée sur une vaste région, a ici deux
villages.

Okota (ou Bakota), débris attardés de la migration du peuple qui est
déjà arrivé aux premiers rapides de l'Ogôwé. Ils ont ici deux
villages.

Région des rapides de l'Eboga et de l'Ekabo.

Adziana, peuple nombreux, pacifique, agriculteur, élevant des cochons,
des chèvres, des moutons et des poules. Les Adziâna s'avancent
vers le bas Ogôwé, ils possèdent le fleuve jusqu'au confluent
du Lékélé et ont déjà paru sur la rive sud de l'Ogôwé en face
de l'île Ebêdi.

Station de Doumé.

(Le choix de Doumé est recommandé par M. le docteur Ballay.

La station de Doumé serait placée à 694 kilomètres de l'embouchure de l'Ogôwé, ou 384 kilomètres en amont du village de Lopé. La position est salubre ; la contrée environnante offre des ressources abondantes, et, comme on se trouve là sur la limite des territoires des Obamba et des Adouma, deux peuples aux dispositions favorables, on serait toujours sûr de trouver, soit chez la première, soit chez la seconde, soit dans les trois ou quatre autres peuplades voisines, des hommes pour seconder, en cas de besoin, le chef de la station.

TABLEAU III

Prévisions des dépenses d'installation et d'entretien de la station de Doumé

(D'après les données de M. le docteur Ballay.)

M. Ballay ayant quitté Paris pour raison de santé, on n'a pas pu lui demander de compléter ce tableau en indiquant les quantités et les prix des marchandises. Les tableaux IV et V, dressés pour la station de N'ghêmé, sont plus complets, et peuvent servir à combler provisoirement les lacunes du tableau III.

PREMIÈRE ANNÉE

1. Traitement du chef de station. 10.000
2. Solde du personnel de la station (10 hommes). . . 6.000
3. Équipement et armement du chef de station. 5.000
4. Équipement et armement du personnel de la station, fait par l'Etat. 2.000
5. Pharmacie et instruments de chirurgie. 2.000
6. Instruments scientifiques; instruments aratoires, graines pour semailles, caisses d'emballage. 2.000
7. Provisions pour un an. . . . . mémoire
8. Marchandises : 1,000 kilog. de sel, à 0 fr. 25 le kilog. au Gabon. 250

Fusils à pierre à 15 fr. l'un . . . .

Poudre de Traite à 1 fr. ou 1 fr. 50 le kilog. . . .   .

2,000 mètres cotonnades bleues et blanches de 0 fr. 25

    à 1 fr. le mètre.   1.250

Petites glaces de 5 à 10 cent. la pièce. . . . .

Couteaux de 25 à 30 cent. la pièce . . . .

100 kilog. verroteries (des bleues, des blanches, peu

    de rouges) . . . .

Plats de cuivre, Neptunes . . . .

Sonnettes, chaînes de cuivre . . . .

Mouchoirs. . . . .

Fil de cuivre . . . .

9. Six pirogues, à 12 hommes d'équipage, au Gabon. .   900

10. Solde de 72 pagayeurs. 6.480

11. Cadeau de 100 fr. à chaque chef de pirogue à la fin

du voyage.   600

12. Voyage du chef de station de Paris à l'embouchure

de l'Ogôwé, par Liverpool. 1.400

Transport de l'excédant des bagages de Paris à l'embou-

chure de l'Ogôwé. . . . .   mémoire

Faux frais et dépenses imprévues . . . .   mémoire

NOTES EXPLICATIVES

1. M. Ballay estime que des marchandises achetées en Europe pour 1,500 francs, suffiraient à l'entretien du chef de station et de dix hommes. Ne sont pas comptés dans la somme de 1,500 fr. les vivres importés d'Europe.

2. Le personnel de la station serait composé de dix noirs bien choisis, dont trois Sénégalais, trois Gabonais et trois Krumen. Il serait important de prendre des noirs païens, et pas de musulmans, pour éviter les graves inconvénients du fanatisme religieux. La propension au vol

qu'on a observée chez les laptots devrait les faire exclure du personnel noir des stations.

3. Bons brodequins et espadrilles; chemises de flanelle, gilets de flanelle, ceintures de flanelle; pantalons à la mauresque, vareuses de marin; casque indien et toit cochinchinois pour coiffures. — Un revolver, deux fusils de chasse à piston à deux coups, une carabine; poudre, balles, plomb.

4. Couvertures, gamelles; haches, machetes; neuf fusils Gras, trois bons fusils à pierre; poudre; balles.

5. 500 grammes de sulfate de quinine; 10 kilog. de sulfate de soude; 200 grammes d'ipécacuanha en racine, 200 grammes d'ipécacuanha en poudre, 500 grammes d'iodure de potassium, 50 grammes de perchlorure de mercure, 500 grammes d'acide phénique, 2 litres d'alcool; santonine pour vermifuge, camphre, laudanum, farine de moutarde en poudre. Une petite trousse de chirurgien.

6. 100 kilog. de farine; 50 kilog. de bœuf d'Australie; 100 boîtes de sardines; 25 kilog. de café; 5 kilog. de thé; un pain de sucre dans une caisse fermée; une caisse de bougies; tabac de France, tabac en feuilles (au Gabon), 50 bouteilles de vin et deux demi-bouteilles pour décanter; 24 bouteilles d'eau-de-vie et de rhum. — 50 litres d'eau-de-vie pour les hommes de la station; 100 litres d'eau-de-vie de traite pour les Inenga, etc. L'eau-de-vie du gouvernement, qui coûte 0 fr. 40 c. le litre, serait excellente.

7. A Doumé, avec 15 kilog. de sel on achèterait assez de bananes pour nourrir le personnel de la station pendant un mois. Parmi les verroteries de toute grandeur, il faut prendre les bleues et les blanches chez M. Bapterosse. Deux sortes sont très bonnes : le Kongolo, qui vient d'Allemagne, et le Lézangué. Parmi les étoffes, choisir des cotonnades bleues et les cotonnades blanches de Rouen; il faut en emporter 2000 mètres. Mouchoirs. Fil de cuivre. Il y aurait avantage à acheter la plupart de ces marchandises à la maison Wœrmann de Hambourg plutôt qu'à la maison Hatton et Cookson de Liverpool. D'après M. le docteur Ballay, les dépenses à faire pour l'entretien du chef de station et d'une

dizaine d'hommes seraiènt certainement inférieures à 1500 francs par an, sans compter les vivres.

8. Il faudra commander ces pirogues, quatre mois d'avance, à Bounda, fabricant de pirogues au Gabon, qui devra prendre modèle sur la pirogue rapportée par M. de Brazza. Chaque pirogue reviendra à 150 francs. Elle portera 600 kilog. de marchandises et de bagages. M. le docteur Ballay est d'avis que 4000 francs de marchandises (prix d'Europe) payeraient une centaine de rameurs d'Elimbareni (ou Lambaréné) à Machogo, point à 122 kilomètres en amont de N'ghêmé, et à 175 kilomètres en amont de Doumé, chaque homme recevant 120 fr., valeur du pays. Les 4,000 fr. de marchandises valent 12,000 fr. sur l'Ogôwé.

9. Choisir des pagayeurs Inenga ou Galoa, prendre ensuite le complément en Okanda. Ces derniers sont moins bons. D'après M. Marche, il faut payer 50 francs par mois chaque pagayeur Inenga ou Galoa, et 40 francs par mois chaque pagayeur Okanda. D'après M. le docteur Ballay, il faut payer maintenant 50 francs par homme d'Elimbaréni à Lopé ; 40 francs de Lopé à Doumé, total par homme, 90 francs d'Elimbaréni à Doumé, prix du pays. On a calculé sur ce chiffre, en supposant qu'un navire de l'Etat transporterait la mission du Gabon à Elimbaréni. Le prix d'Europe, c'est-à-dire la valeur en Europe des marchandises données en payement, serait de moins du tiers du prix du pays.

10. Ce cadeau est obligatoire.

Notes de M. le Docteur Ballay (1).

1°. Dans les cas où le chef de station obtiendrait passage sur le transport de l'Etat se rendant au Sénégal, et sur celui du Sénégal au

---

(1) Il avait été question d'établir la station sur l'Ogôwé au village de Machogo, ou même plus à l'est, à Obanda ce qui expliquera comment plusieurs des notes de M. le docteur Ballay se réfèrent à l'éventualité de ces choix.

Gabon, il n'aurait à payer que le voyage en chemin de fer de Paris à Brest ou Toulon, c'est-à-dire une centaine de francs, et peut-être le remboursement des vivres à la table de l'Etat-major à 3 ou 4 francs par jour, ce qui, à deux mois de traversée, ferait environ 250 francs qui, ajoutés aux 100 francs précédents, donnent pour toute dépense 350 francs.

Dans le cas où on prendrait la voie portugaise, il y aurait :

De Paris à Bordeaux. 100 fr.
De Bordeaux à Lisbonne par les messageries. 200
De Lisbonne à l'île du Prince par paquebot portugais . . 700
1,000

Mais, quoiqu'il ne faille qu'un jour pour aller de l'île du Prince au Gabon, les occasions sont extrêmement rares et il serait imprudent de s'engager par cette voie sans s'être assuré d'avance des moyens de transport de l'île du Prince au Gabon.

Par paquebot anglais partant de Liverpool pour se rendre de Paris à Liverpool, environ. . . . . 300 fr
De Liverpool au Gabon. 1,100
1,400

On pourrait encore aller par Bordeaux et paquebot français jusqu'à Dakar pour reprendre là le paquebot anglais qui y fait escale.

La dépense serait à peu près la même qu'en partant de Liverpool.

Un autre moyen serait d'aller par bateau à voiles. Il part de temps en temps du Havre pour le Gabon des navires de commerce à voiles, qui mèneraient le voyageur, et peut-être ses marchandises, à prix assez réduits. Il faudrait alors traiter de gré à gré avec l'armateur.

Tous les soixante-quinze jours, l'*Angola*, steamer de la maison Hatton et Cookson de Liverpool, part de cette ville pour le Gabon. L'*Angola* est installé pour recevoir des passagers.

La dépense serait de ce côté, pour aller à Liverpool. . .   300
De Liverpool au Gabon.   500

2° Pour le transport des marchandises, l'Etat, en lui faisant une demande, ne prendrait rien, très probablement. En tout cas, tout passager à la table de l'Etat-major a droit à 400 kilogrammes de bagages.

Dans le cas où on se servirait des navires de commerce, il est impossible de donner des renseignements. Il faudrait en prendre aux diverses Compagnies de navigation. La maison Dubarry frères du Havre, qui envoie de temps en temps des navires au Gabon, pourrait être consultée à ce sujet. Mais M. Pilastre, ancien négociant au Gabon, demeurant aujourd'hui rue Notre-Dame-des-Victoires, fournirait d'excellents renseignements.

3° Il y aurait certainement de très grands avantages à emporter les marchandises d'Europe : avantage au point de vue de l'économie, et avantage de faire connaître les marchandises françaises *qu'on ne trouverait guère au Gabon*.

Si l'on tenait à prendre les marchandises au Gabon, pour éviter les ennuis de la préparation des caisses et de l'expédition, il faudrait s'adresser à la maison Hatton et Cookson de Liverpool, et ne pas négliger de bien établir les prix à l'avance. Pour n'avoir pas pris cette précaution, nous avons payé fort cher.

La maison Hatton et Cookson a un établissement dans l'Ogôwé, c'est la maison la plus importante du Gabon et elle a à peu près tous les objets d'échange nécessaires. Il faut, dans tous les cas, se mettre en relation avec elle en vue d'un ravitaillement éventuel et de la possibilité des relations avec le Gabon.

La maison Wœrmann, de Hambourg, a également un comptoir dans l'Ogôwé, et pourrait remplacer la maison Hatton et Cookson. Peut-être même (pour le moment du moins) trouverait-on plus de complaisance dans les employés de celle-ci.

Ces deux maisons ont des bateaux à vapeur qui vont du Gabon dans l'Ogôwé.

Les principales marchandises à emporter seraient :

1. Des fusils à pierre. On peut se procurer ces fusils dans les manufactures d'Angleterre ou en France. La plupart des fusils qu'on trouve sont d'anciens fusils de guerre du premier empire, vendus par les arsenaux de l'Etat français. Il serait, je crois, possible d'en avoir à la même source. On pourrait les acheter chez les Anglais, probablement au prix de 15 francs l'un, peut-être moins.

2. De la poudre de traite ; j'en ignore le prix dans le commerce européen ; on la vend aux noirs 7 francs les deux kilogrammes, ce qui donne comme probabilité pour prix d'Europe 1 franc à 1 fr. 50 le kilogramme.

3. Des cotonnades variées, dont le prix varie de 0 fr. 25 à 1 franc le mètre. En avoir de diverses qualités et de différentes couleurs, généralement de couleurs voyantes.

4. Des couteaux : on en a d'excellents à la maison Tinet à Paris pour 0 fr. 25 ou 0 fr. 30 la pièce.

5. De petites glaces à cinq centimes ou dix centimes la pièce.

6. Des verroteries variées, surtout bleues, qu'il faut absolument prendre en Europe, chacune dans la maison qui la fabrique spécialement pour les avoir à bon marché. Les meilleures sont : les perles bleues et blanches de M. Bapterosse, à Paris, de diverses grosseurs ; les anneaux bleus d'Allemagne et une variété dont j'ignore le nom commercial, mais qu'il sera aisé de retrouver.

7. De grands plats de cuivre appelés neptunes, qui représentent là-bas une assez grande valeur et qui n'ont ici que celle du cuivre.

8. Une variété nombreuse de petits articles, tels que sonnettes, chaînes de cuivre, etc.

9. Du sel, qui suffira, en partie, à acheter des vivres : manioc, bananes, etc.

Avec 1,000 kilogrammes de sel, représentant une valeur fort minime, il y aura assez de cette marchandise pour plusieurs années.

Les dépenses à faire pour l'entretien du chef de station et d'une dizaine d'hommes seront certainement inférieures à 1,500 francs par an (prix d'Europe), sans tenir compte, bien entendu, des vivres emportés d'Europe.

4° Une pirogue de grandeur moyenne, montée par une douzaine d'hommes, peut porter environ 600 kilogrammes.

Si l'on a une centaine de piroguiers qu'il faudra payer 50 francs par homme (prix du pays) pour aller d'Elimbaréni à Lopé ; 40 francs par homme pour aller de Lopé à Doumé ; 30 francs par homme pour aller de Doumé à Machogo, on arrive au chiffre de 12,000 francs, prix du pays ; mais le prix d'Europe est moins d'un tiers du prix du pays, ce qui fait moins de 4,000 francs. Avec les cadeaux aux chefs, qui consistent en fusils, neptunes et toutes les autres marchandises données à leurs hommes, mais en plus grande quantité, et variables suivant l'importance du chef et les services rendus, on arrive à 5 à 6,000 francs.

Pour aller de Poubara à Obanda, il devient beaucoup plus difficile de dire à quel prix reviendra le transport, parce qu'il n'y a pas de porteurs, et qu'il faudra tâcher de séduire les indigènes par la perspective d'un fort payement pour qu'ils consentent à porter.

Au lieu de cent pagayeurs, il faudra deux cents porteurs qui changeront d'un village à l'autre, et qui demanderont tantôt une marchandise, tantôt une autre. S'ils prennent de l'étoffe, cela coûtera fort cher ; c'est d'ailleurs le cas le plus défavorable.

S'ils font chaque fois une étape de 10 kilomètres, qu'on payera avec 2 francs d'étoffe, on aura 400 francs de dépense par étape, et pour neuf étapes, 3,600 franes. C'est de beaucoup le cas le plus défavorable ; mais on ne trouvera pas suffisamment de porteurs, et si même on en trouve quelques-uns, il faudra surveiller les vols.

Peut-être, d'ailleurs, le point d'Obanda ne serait-il pas bien choisi et déjà trop éloigné de la côte pour une station de ce genre.

Chez les Inenga, les marchandises qui ont de la valeur sont les fusils, la poudre, les neptunes, les étoffes, les couteaux, le tabac, l'eau-de-vie.

Chez les Okanda, les mêmes, mais un peu augmentées de valeur : et en outre, le sel, les assiettes, les poteries, etc.

Chez les Adouma, le tabac et l'eau-de-vie n'ont plus cours ; toutes les autres marchandises sont bonnes encore, mais les fusils, la poudre et le sel ont le pas sur le reste. Les verroteries commencent à prendre.

Plus loin, tout le reste n'a plus grande valeur, excepté le cuivre, le sel, les verroteries et la vaisselle.

Chez les Batéké, l'étoffe reprend une grande valeur qu'elle avait perdue jusque-là.

Station de N'ghêmé

Suivant M Marche, la station, dans la partie Ouest de l'Afrique équatoriale devrait être placée sur l'Ogôwé, à côté du village de N'ghêmé, dont le chef est Libossi, c'est-à-dire à 47 kilomètres en amont de la chute de Doumé, à 437 kilomètres en amont du village de Lopé, autrement dit à 747 kilomètres de l'embouchure de l'Ogôwé, en suivant les méandres de ce fleuve. (M. Ballay objecte à ce choix que la station se trouverait ainsi à la merci d'une seule peuplade). M. Marche recommande le choix de N'ghêmé, de préférence à tout autre localité plus près des sources du fleuve ou sur la ligne des bassins de l'Ogôwé et de l'Alima. Ces derniers points seraient trop loin pour commencer ; le voyage du convoi de ravitaillement offrirait les mêmes dépenses et les mêmes difficultés que le premier ; il faudrait réserver ces points pour plus tard, lorsque la station de N'ghêmé aura déjà quelque temps d'existence.

TABLEAU IV

Prévision des dépenses d'installation et d'entretien de la station de N'ghêmé, village commandé par Libossi

(D'après les données de M. Marche.)

PREMIÈRE ANNÉE

1. Traitement du chef de station..	10.000
2. Traitement du second.	2.500
3. Solde de vingt Sénégalais ou Gabonais, faisant le service et gardant la station..	12.480
4. Equipement du chef de station..	5.000
Equipement du second.	2.000
5. Equipement et armement de vingt hommes, faits par l'Etat	4.000
6. Pharmacie et instruments de chirurgie.	2.000
6. Instruments scientifiques, instruments aratoires et de menuiserie; graines pour semailles; caisses d'emballage en fer-blanc doublées de bois.	4.015
8. Voyage du chef de station et de son second de Paris à Liverpool, avec le transport des bagages..	700
Séjour à Liverpool des deux voyageurs pendant quatre jours	200
8. Passage de Liverpool au Gabon sur paquebot anglais, 1,100 francs par place de première ordinaire.	2.200
8. Transport des bagages par paquebot..	400
7. Marchandises nécessaires pour payer la dépense du voyage sur l'Ogôwé et suffire à l'entretien de la station pendant un an.	28.270
Faux frais et dépenses imprévues	1.235
	75.000

TABLEAU IV *bis*

Prévision des dépenses d'installation et d'entretien de la station de N'ghêmé

(Minimum des dépenses d'après les données de M. Marche.)

PREMIÈRE ANNÉE

Traitement du chef de station	10.000
Traitement du second	2.500
Solde de vingt Sénégalais	12.780
Equipement du chef de station	5.000
Equipement du second	2.000
Equipement et armement des vingt hommes faits par l'Etat	4.000
Pharmacie et instruments de chirurgie	2.000
Instruments scientifiques, aratoires et de menuiserie, graines, caisses d'emballage	4.015
Voyage du chef de station et de son second de Paris au Gabon	830
Séjour au Sénégal, dix jours pour deux hommes	120
Marchandises	28.270
Faux frais, dépenses imprévues	1.485
	73.000

NOTES EXPLICATIVES

1. Chiffre exceptionnel, voir la note 1 du tableau I.
2. La station de N'ghêmé se trouvant en dehors de la partie de l'Ogôwé

où existent des communications avec la côte (cette partie finit à Lopé), il est indispensable que le chef de la station de N'ghêmé ait avec lui un Européen *dès la première année*. En effet, lorsque arrivera le convoi de ravitaillement de la deuxième année, il faudra qu'un blanc parte au-devant du convoi pour organiser sa marche en amont de Lopé, où unEuropéen, nouveau dans le pays, ne saurait pas se débrouiller. On ne peut pas confier la station aux seuls salariés indigènes pendant l'absence du chef.

Doumé est dans un pays où l'envahissement des Awandji est une cause de désordre ; N'ghêmé, au contraire, est dans un pays où cinq races productrices ont des établissements stables.

3. Ce nombre d'hommes est d'autant plus nécessaire, que les populations de l'intérieur de la partie Ouest de l'Afrique équatoriale sont loin d'être aussi civilisées que celles de la partie Est de la même zone. Ici, il faut que le blanc se montre disposant d'une force suffisante pour inspirer le respect. De plus, tout le travail manuel étant réservé aux esclaves dans l'ouest de l'Afrique équatoriale, et les stations étant fondées dans un but de civilisation, leurs chefs devront s'efforcer par tous les moyens possibles de s'entourer de travailleurs salariés. On n'en trouverait pas sur le haut Ogôwé, et il faudra en choisir au Sénégal ou au Gabon. Le chef de station y aura un autre avantage, celui de commander à des noirs déjà à demi civilisés.

D'après les salaires consentis par les derniers voyageurs, il faut calculer la solde de chaque homme sur un minimum de 52 francs par mois.

4. Voir la note 3 du tableau I.

5. L'Etat ayant au Sénégal un magasin d'armes et d'effets d'équipement pour les laptots, il y aura grande économie s'il autorise à y acheter, au prix de revient, les armes et les effets nécessaires pour les vingt hommes.

6. Voir les notes 4 et 5 du tableau I.

7. M. Marche a communiqué au Comité la liste des marchandises à acheter en France (nature et quantité) qu'il convient d'emporter

pour payer les frais de voyage sur l'Ogôwé et les dépenses de la station pendant un an. Parmi ces diverses dépenses nous mentionnerons: l'achat de deux grandes pirogues à 25 pagayeurs (1000 fr.) et de deux petites pirogues à 16 pagayeurs (600 fr.); les cadeaux à faire aux chefs des peuplades riveraines du haut Ogôwé ; l'achat d'un terrain destiné à la construction de cases devant servir d'habitation et de magasin.

8. Ces trois articles des prévisions, formant ensemble une dépense de 3300 fr., pourraient être réduits quelque peu, si le chef de station et son second s'embarquaient à Toulon en prenant passage à bord d'un navire de l'Etat. Il y a un départ de paquebot de Liverpool au Gabon tous les mois, sauf exceptions. Il y a un départ de transport de l'Etat au mois de janvier qui correspond généralement avec le voyage du transport du Sénégal au Gabon.

Il faudrait que le chef de station arrivât au Gabon au 1er mai. En partant de Toulon au mois de janvier, il n'y aurait qu'une petite perte de temps. Mais comme le chef de station devra pouvoir disposer d'un mois au Sénégal, pour choisir et engager des hommes, il faudra probablement que le chef de station, laissant le second suivre les bagages sur le transport s'embarque lui-même à Liverpool sur le paquebot. Il prendrait le transport du Sénégal au Gabon. On réaliserait ainsi 750 fr. d'économie sur le trajet fait entièrement par le paquebot.

TABLEAU V

Prévisions des dépenses d'entretien de la station de N'ghêmé

(d'après les données de M. Marche).

DEUXIÈME ANNÉE

1. Traitement du chef de station, année normale. . . 6.000
2. Traitement des deux auxiliaires européens.. . . . . . 5.000

3. Solde de dix Sénégalais ou Gabonais faisant le service et gardant la station. 6.240

    Equipement du deuxième auxiliaire européen. . . . 2.000

    Son voyage de Paris à Liverpool.. 350

    Sa dépense à Liverpool pendant quatre jours.. . . . 100

    Son passage de Liverpool au Gabon sur le paquebot anglais. 1.100

    Transport des bagages sur le paquebot de Liverpool au Gabon. 300

4. Achat des marchandises nécessaires pour l'entretien de la station pendant un an et pour payer le voyage de l'auxiliaire avec le convoi sur l'Ogôwé.. . . . . 28.270

    Faux frais et dépenses imprévues. 640

                                     50.000

NOTES EXPLICATIVES

(1) Même traitement que pour le chef de la station de Manyara la deuxième année.

(2) Voir la note 2 du tableau II.

(3) Si les circonstances le permettent, et cela est probable dans l'opinion de M. Marche, on pourra, la seconde année, réduire à dix le nombre des Sénégalais et des Gabonais de la station. Ce nombre de dix hommes, gardant la station, et faisant le service des Européens, restera ensuite le chiffre normal de l'effectif. On profiterait de l'arrivée du convoi de ravitaillement pour renvoyer à la côte dix hommes dont les services auraient été insuffisants ou la conduite mauvaise.

(4) Le chef de la station irait au-devant du convoi jusqu'à Lopé, au moins. Il pourrait faire ce voyage dans une des grandes pirogues de la station, avec un équipage de Sénégalais.

Paris. — Imprimerie P. Mouillot, 13, quai Voltaire. — 11230

www.ingramcontent.com/pod-product-compliance
Lightning Source LLC
Chambersburg PA
CBHW061717060726
47597CB00006B/2421